U0022158

國家圖書館出版品預行編目資料

史蒂文生 / 李民安著;王平繪.－－初版一刷.－－
臺北市: 三民, 2017
　　面; 　公分－－(兒童文學叢書/創意MAKER)

ISBN 978–957–14–6305–6 　(精裝)

1.史蒂文生(Stephenson, George, 1781–1848)
2.傳記 3.通俗作品 4.英國

781.08 106009557

© 史蒂文生

著 作 人	李民安
繪 者	王 平
主 編	張燕風
企劃編輯	郭心蘭
責任編輯	徐子茹
美術設計	黃顯喬
發 行 人	劉振強
著作財產權人	三民書局股份有限公司
發 行 所	三民書局股份有限公司
	地址　臺北市復興北路386號
	電話　(02)25006600
	郵撥帳號　0009998–5
門 市 部	(復北店)臺北市復興北路386號
	(重南店)臺北市重慶南路一段61號
出版日期	初版一刷　2017年7月
編 號	S 858031

行政院新聞局登記證局版臺業字第〇二〇〇號

有著作權·不准侵害

ISBN 　978–957–14–6305–6 　(精裝)

http://www.sanmin.com.tw　三民網路書店
※本書如有缺頁、破損或裝訂錯誤,請寄回本公司更換。

創意
MAKER !

史蒂文生 GEORGE STEPHENSON

火車革命的推手

李民安/著　王　平/繪

三民書局

主編的話　　　　　抬頭見雲

　　隨著「近代領航人物」系列廣獲好評，並獲得出版獎項的肯定，三民書局的出版團隊也更有信心繼續推出更多優良兒童讀物。

　　只是接下來該選什麼作為新系列的主題呢？我和編輯們一起熱議。大家思考間，偶然抬起頭，見到窗外正飄過朵朵白雲。

　　有人興奮的說：「快看！大畫家畢卡索一手拿調色盤，一手拿畫筆，正在彩繪奇妙的雲朵！」

　　是呀！再看那波浪一般的雲層上，建築大師高第還在搭建他的尖塔！

　　左上角，艾雪先生舞動著他的魔幻畫筆，捕捉宇宙的無限大，看見了嗎？

　　嘿！盛田昭夫在雲層中找到了他最喜愛的 CD，正把它放入他的隨身聽⋯⋯

　　閃亮的原子小金剛在手塚治虫大筆一揮下，從雲霄中破衝而出！

　　在雲端，樂高積木堆砌的太空梭，想飛上月球。

　　麥克沃特兄弟正在測量哪一朵雲飄速最快，能夠成為金氏世界紀錄。

　　⋯⋯

　　有了，新的叢書就鎖定在「創意人物」這個主題上吧！

　　大家同聲附和：「對，創意實在太重要了！我們應該要用淺顯的文字、豐富的圖畫，來為小讀者們說創意人物的故事。」

　　現代生活中，每天我們都會聽見、看見和接觸到「創意」這兩個字。但是，「創意」到底是什麼？有人說，「創意」就是好點子。但好點子是如何形成的？又是在什麼樣的環境助長下，才能將好點子付諸實現，推動人類不斷向前邁進？

　　編輯團隊為此挑選了二十個有啟發性的故事，希望解答上述的問題，並鼓勵小讀者們能像書中人物一般對事物有好奇心，懂得問「為什麼」，常常想「假如說」，努力試「怎麼做」。讓想像力充分發揮，讓好點子源源不絕。老師、家長和社會大眾也可以藉此叢書，思索、探討在什麼樣的養成教育和生長環境裡，才能有效的導引兒童走向創意之路？

　　雲屬於大自然，它千變萬化，自古便帶給人們無窮想像；雲屬於艾雪、盛田昭夫、高第、畢卡索⋯⋯這些有突出想法的人，雲能不斷激發他們的創意；雲也屬於作者、插畫家和編輯團隊，在合作的過程中，大家都曾經共享它的啟發。

　　現在，雲也屬於本書的讀者。在看完這本書以後，若有任何想法或好點子願意與大家分享，歡迎寄到編輯部的信箱 sanmin6f@sanmin.com.tw。讀者的鼓勵與建議，永遠是編輯團隊持續努力、成長的最大動力。

張燕風　　2015 年春寫於加州

作者的話

　　「火車快飛，火車快飛，穿過高山，越過小溪，一天要走幾百里。快到家裡，快到家裡，媽媽看見真歡喜。」

　　這是一首小時候常常唱的兒歌，對像我這樣一個在大都市出生並且長大的小孩，在父母過度的保護下，十六歲以前的活動範圍，一直沒有踏出過這個城市的邊界，高一時，還曾經是全班唯一沒有坐過火車的「土包子」，因此「坐火車」對我來說，長久以來存在一種浪漫的幻想。

　　高一結束的那個暑假，我參加救國團舉辦的澄清湖野營隊，一下子就要從臺灣北跑到臺灣南，而且還要生平第一次坐火車，那個興奮勁兒就甭提了。

　　出發的前一天，媽媽為了確保我次日能夠順利搭上正確班次的火車，還特別情商班上一位參加同樣活動的同學，到家裡來過夜，她每天坐火車通勤上學，對坐火車的一切，可謂經驗豐富。

　　有這樣的識途老馬帶領，第二天我當然沒有出任何差錯的坐上火車。還記得火車平穩出發的時候，我卻覺得失望極了，我問「老馬」：「這火車，怎麼沒有嗚嗚叫的汽笛？行駛起來也沒有車輪跟鐵軌摩擦的聲音，跟坐公共汽車差不多嘛。」

　　那就是我「坐火車」的初體驗。

　　「火車」長久以來，在我腦海中的印象是：火車頭時不時會冒出白色的蒸汽，和著「嗚嗚」的汽笛聲，隨著距離的接近，「其擦卡擦」的車輪聲也越來越響，這確實是火車最早的模樣。

　　在 1903 年，萊特兄弟第一次把重於空氣的航空器，成功飛上天際、開啟現代飛機的新頁之前，火車在將近一百年的時間裡，是最快捷的交通和運輸工具，而它們的發明者，是英國有「火車之父」美譽的喬治·史蒂文生。

　　史蒂文生與大多數發明家最不同的是，他一生沒有接受過正規完整的學校教育，是個從礦場「燒火工」起家的基層勞動者，火車是他最為人知，但不是唯一的發明，他最有名的兩項發明：礦工安全燈和火車，都有借重別人經驗的影子；但別誤會他是個做「山寨版」的「抄襲者」，相反的，他非常擅長在別人發明的基礎上，解決關鍵問題，讓發明得以完善。

　　他的故事給現代人最寶貴的一課，就是如何在每天層出不窮、許多看似天馬行空的點子裡，發現可行的前景，並擁有解決目前困境的毅力和技術，這正是現代世界最需要的創造力。

　　所以，火車今天雖然還跑在鐵軌上，但要是它明天快「飛」，你可別說是不可能的事喲。

十八歲的小學生

「喬治！該去幫爸爸送午餐了！」

「來囉。」聽見媽媽在屋內叫喚，我丟下手裡的煤渣籃子，一骨碌的從地上跳起來。

跑進廚房，媽媽正把三明治放進餐盒：「路上經過鐵道的時候要特別小心啊！」

我們住在英國產煤的威萊姆鎮，家門口有一條煤礦場運送煤礦的鐵道，時常有馬拉著一節一節的煤車經過，那些在軌道附近吃草的牛，有時一不小心就會被進出頻繁的煤車壓死，這讓媽媽很緊張，老是擔心我們小孩也會遇到意外。

媽媽把餐盒交給我，還不忘叮嚀：「記得早點回家，

別又在礦場玩太久。」

「知道了。」話音還沒落下，我已經飛快的跑出門了。

幫爸爸送午餐是我一天中最期待的事，一想到可以看見那座巨大的蒸汽鍋爐，摸摸它堅硬的鐵皮外殼，看著白色蒸汽從煙囪裡呼呼的冒出來，我就興奮得不得了。

到了礦場，一眼就看到坐在鍋爐室門口和其他人聊天的爸爸。我跑過去把餐盒遞給他，馬上就鑽進鍋爐室看我的好朋友──那具抽水的蒸汽機。

看完「好朋友」後，我從鍋爐室鑽出來，爸爸一邊大口咬著三明治，一邊對我說：「喬治，你

今年十四歲啦，應該已經有足夠的力氣幫我把煤鏟進鍋爐裡了，前幾天我和工頭湯姆先生閒聊的時候，他提到，你從十歲就在這裡做剔渣工，總能又快又細心的把雜物從煤堆裡挑出來，工作能力很強，所以想問你願不願意來當燒火工？」

雖然爸爸說得慢條斯理，但我已經興奮得跳起來：「願意！我當然願意！」一想到可以跟我的好朋友蒸汽機「常相左右」，不管做什麼我都願意。

他看我這麼開心，微笑著把手中的麵包撕下一半給我。媽媽生了六個孩子，我是老二，一家八口只靠爸爸的一份薪水維生，

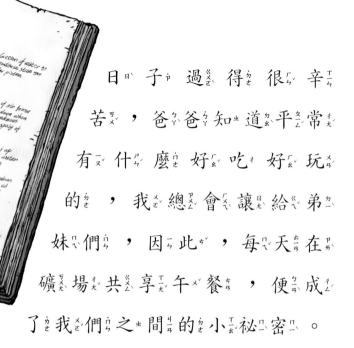

日子過得很辛苦，爸爸知道平常有什麼好吃好玩的，我總會讓給弟妹們，因此，每天在礦場共享午餐，便成了我們之間的小祕密。

我喜歡在鍋爐室工作，除了往鍋爐裡添煤、擦拭蒸汽機上的油汙外，剩下的時間我總是東摸西摸的研究這部迷人的大機器。就這麼過了三年，我升上了工頭，成為爸爸的頂頭上司，不久之後，又從工頭升成助理技師，專門負責保養礦場所有的蒸汽機。

當時的蒸汽機有兩種類型，

一種是湯姆士・紐科文打造的，另外一種是瓦特改良的，我不知道這兩種蒸汽機有什麼不同，便去請教礦場裡的技師查德。

「我也不曉得該如何解釋，」查德想了想，隨即找出一本書遞給我，「這裡有本介紹瓦特蒸汽機的書，就先借給你看吧。」

我喜孜孜的翻開一看，「哎呀，這寫的是什麼啊？」裡面密密麻麻的文字，像天書一樣，完全看不懂。

這是我心裡最深的痛，因為窮，全家

六個兄弟姐妹都沒有上過學，我連自己的名字都不會寫。這本「天書」說明了一個殘酷的事實，無論我自以為對蒸汽機有多在行，只要不識字，就永遠沒辦法更上一層樓。

於是我下定決心，在夜間小學報了名，和一群七八歲的小孩子一起，從頭開始學認字以及數學。

別看我十八歲才開始上小學，我可是一個很認真的小學生喔，一個星期上三次課，從不缺席，不管白天的工作多忙多累，老師交代的功課，第二天絕對會按時交，班上很多同學都做不到呢。

敢拆、敢修、敢想

　　一個星期六的下午，工人們都下班後，我照例要做機器的清潔和保養，做著做著，一時手癢，就把蒸汽機拆開了，還將那些迷人的金屬小零件，一個個拿出來，把整部機器好好研究了一番，嘿，我終於知道這個大傢伙是怎麼運作的啦！

　　沒想到，等到我從興奮中回過神來，看到散落一地的大小零件，立刻就傻眼了。

　　「天哪，該怎麼裝回去呢？如果不能把機器裝好，等到星期一開工時，蒸汽機發動不了，老

闆肯定會把我開除的。」我喃喃自語，心裡七上八下。

可是著急也沒有用，我只好硬著頭皮，憑著腦海中的記憶，和過去對機器的知識，一點一點的把零件重新組裝起來，直到大功告成，才在漆黑的夜色中，忐忑不安的回家。

那一整個週末我都坐立難安，好不容易捱到星期一，一大早天還沒亮，我就急急忙忙跑到礦場，為蒸汽

鍋爐添煤生火。

「喬治，今天來得真早哪！」一向最早到的湯姆先生，笑咪咪的揮手跟我打招呼。

我簡單回了一聲：「早。」覺得自己像是個犯了錯的學生，眼睛迴避著他親切的目光，心想等一下如果機器發動不了，那我就完蛋了！

眼看火焰越燒越旺，蒸汽機終於「轟隆隆」的運轉起來了，我懸著的心這才放了下來；而且說也奇怪，過去它運轉時的一些小雜音不見了，那幾個老是卡卡的輪軸居然也平順

的運作著。

「真是奇怪，我怎麼覺得這個大傢伙今天比較聽話了？」湯姆先生疑惑的搔著腦袋，我在旁邊忍住笑說：「哪能不聽話，它就是欠修理啊。」

經過這件事，我對研究這些冒著蒸汽的大小機器越來越有心得，也對自己的拆裝能力更加有信心，開始利用閒暇，把礦場裡的各種機器，拆了又裝，裝了又拆，結果居然「聲名遠播」，其他礦場的人也都聽說有我這麼一個小子，對機器有兩把刷子，所以不管哪裡的機器出了毛病，大家第一個就會想到我。

二十一歲的時候我結了婚，

第二年兒子羅伯特出生，後來又有了一個女兒，但是女兒生下來不久就夭折了，太太兩年以後也因為肺炎去世，更不幸的是，爸爸有一天在礦場工作時，被從蒸汽機裡噴出的熱氣燙瞎了眼睛，所以我不但得一個人既當爸又當媽的撫養兒子，而且還要照顧失去工作能力的爸爸，以及償還他留給我的一大筆債務。

　　但就在這困頓的時候，灰暗

的生活終於露出些許曙光，情況開始有了一絲轉機。

有一天，礦場的警鈴響起，表示有緊急情況發生，我趕到事發的礦坑，看到工人們正從水位不斷升高的礦坑裡撤退出來。

「發生了什麼事？」我抓住一個人問。

「喬治，你來得正好。」礦場老闆霍布斯先生滿頭大汗：「抽水機故障了，他們修了幾個鐘頭都修不好啊，這個礦坑大概保不住了。」礦場裡好幾個工程師——羅德、愛德華，和強生，全都垂頭喪氣，一身溼淋淋的坐在那裡。

「別急，讓我下去看看。」其實，身為一個小小的助理技師，

其他正牌工程師都沒有辦法解決的問題，實在輪不到我來逞強出頭，但是挽救礦坑比較要緊啊！我沒有多想就一頭栽進已經淹到胸口的水裡，彎下身在水中摸索，逐一檢查。一個鐘頭以後，終於讓我找到問題發生的地方，把卡在閘門的煤渣塊清除，重新上緊了螺絲，顧不得抹去一臉的汙水，我對離抽水機最近的強生說：「再發動一次試試。」

抽水機應聲而響，大家都拍起手，霍布斯先生高興得一把將我從水坑中拉了上來：「喬治，真有你的，你為我們礦場立了大功，從今天起，我就升你做工程師啦。」

於是，我這個從沒接受過正規教育的礦工之子，憑著後天不懈的努力，終於在二十八歲的時候被破格提拔，也當上了貨真價實的正牌工程師。

然而，就算當上了工程師，薪水多了不少，家裡的負擔和父親的債務卻依然沉重，讓我還是得在每天工作十二個小時之後，靠著為鄰居修理鐘錶和鞋子來多賺一點錢。

雖然沒有上過正規的學校，但是並不妨礙我腦海中那些點子的出現，我喜歡想出便捷的方法來節省做事的精力和時間，記得羅伯特還在他媽媽肚子裡的時候，我就在想，如果搖籃能夠自己搖擺，不就可以省下媽媽們很多力氣嗎？於是我設計了一個「煙動力搖籃」，利用煙囪噴出來的煙來推動搖籃，但是很多人都怕小嬰兒會被煙嗆到，而不敢使用。

安全燈抄襲風波

「轟！」

從小在礦場長大，我對這個聲音並不陌生。

「喬治，不好了！十二號礦坑發生爆炸了！」吉米遠遠的朝著我喊。

十二號礦坑，那不是卡爾工作的區域嗎？

過了八個小時，滿臉沾滿煤渣，狼狽不堪的卡爾從礦坑裡被救出來時，雙眼充滿了驚慌、恐懼和無助，他看到我，說了一句之前說過無數次的話：「喬治，拜託你做點什麼吧。」

從小就在礦場裡生活，老少礦工就像是我的家人一般，任何人發生意外，都是我不願意見到的，而礦場中最嚴重的意外就是爆炸事件；礦工挖煤的時候，常會有煤氣溢出，如果煤氣碰到燭火，就很容易引起爆炸，所以為了避免爆炸，大家都盡可能不攜帶燈火，但是在漆黑的地底下工作，還是需要照明，怎麼辦呢？他們就穿上用魚皮做成的衣服，因為魚鱗可以反射一些放在遠處的燈光，但是腐爛的魚肉在通風不好的坑道裡，那氣味就別提有多難聞了。

在我升上工程師的 1809 年，礦場裡就有十二個人因為爆炸死

亡，於是我下定決心，一定要為親如家人的礦工們，設計出一盞能讓他們安全使用的燈。

我並不是唯一有這個想法的人，當時很多人都推出了所謂的安全燈，但是經過我仔細研究和測試後，發現它們都有缺點，不過，沒關係，我從這些人的發明上進一步改良，1814 年終於設計出一盞絕對不會在礦坑中爆炸的安全燈。

但是，為了這盞燈，把一個叫漢弗里・戴維的爵士徹底惹毛了，因為就在前一年，他也設計了一盞礦工安全燈，跟我的很類似，只差少了一個燈罩，當他知道我這個沒有受過正式教育的半

文盲，居然弄出一盞更被大家讚賞的安全燈時，簡直快氣瘋了，到處去告我，指控我抄襲他的設計。

老實說，我是一個內向的

人，寧可埋著頭做發明，也不願意對一群人說話，但是沒辦法，官司上身，我只好配合到法院說明。

我向法官指出，爵士和我的安全燈最關鍵的不同，並不在有沒有燈罩，而是我的燈在空氣中存在過多煤氣的時候，會自動熄滅。

「為了證

明這盞燈絕對的安全性，」我對法官說：「請允許我拿著它，進到礦坑中去試驗給大家看。」

「史蒂文生瘋了吧。」法庭上

的人竊竊私語，法官搞不好也這麼想。

「那我們就一起跟你去看看吧。」法官想了半天，最後終於同意。

「好，走！」我二話不說，帶頭走在前面。

坑道裡的煤氣味越來越濃了：「聞到煤氣味了嗎？大家注意看我手上的燈。」只見燈罩裡的燈火果然慢慢變小，隨後順利熄滅。

當我得意的回頭一看，卻發現四周一個人都沒有：「咦？人都去哪兒了？」原來那些起鬨不落人後的人，全都被煤氣味嚇得跑出去了，不管怎樣，我終究打贏了這場抄襲官司。

火車‧火車‧我愛火車

在把時間投入研發礦工安全燈的同時，我還關注到另外一件事情，就是礦場裡的氣味。

你知道礦場裡什麼氣味最重嗎？不是煤的味道，而是馬糞的臭味。原來在英國東北這個生產煤礦的地區，從十六世紀到現在三百多年，已經布滿了像蜘蛛網一般四通八達的木頭軌道，由馬拉著一節節的煤車在軌道上走，把從地底下開採出來的煤運出去，這些馬隨走隨拉，所以軌道通到哪裡，臭味就傳到哪裡。

既然沒有人能讓馬不排泄，

那麼有沒有可能找一樣不會排泄的東西來代替馬拉車呢？

「嘿，有了！」我的腦子裡靈光一現，想到一個人——理查‧特拉維斯克。

這幾年他可以說是我們工程界的大紅人，先是在1801年做出有四個輪子的蒸汽火車「噴煙魔怪」，兩年以後，再接再厲推出「倫敦號」，

雖然這兩輛蒸汽火車最後都因為失去控制而撞毀，但是為了解決失控問題，他在 1804 年把第三輛蒸汽火車「新城堡號」，放在鋪設好的軌道上行駛。到了 1808 年，他乾脆在倫敦郊外的空地上，建造了一條直徑 10 公尺的圓形軌道，讓他的第四輛蒸汽火車「誰來追我」拉上可以坐人的車廂，你只要付

一先令，就能體驗一下被蒸汽火車拉著走的滋味，這個點子讓他小小賺了一筆。

理查這一系列的發明，觸動了我無數的想法，從他的嘗試中，我看到利用蒸汽火車運貨、甚至載人的發展潛力，和這一種運輸方式帶來的「錢」景。

但是我得先解決蒸汽火車的幾個發展限制，那就是：動力不足，難堪大用；速度太慢，連馬車都趕不上；震動太大，容易翻覆；只能前進，無法後退，和軌

道脆弱，容易被壓斷。

要解決這些問題，光靠我腦子裡的想法是沒有用的，我必須得到一個關鍵人士的支持。

「請您支持我研究蒸汽火車吧。」我站在礦場老闆霍布斯先生的辦公桌前，誠懇的提出請求。

霍布斯先生捻著他的山羊鬍子問：「蒸汽火車是什麼？它能為我帶來什麼好處呢？」生意人總把利益放在最前面來考慮，霍布斯也不例外。

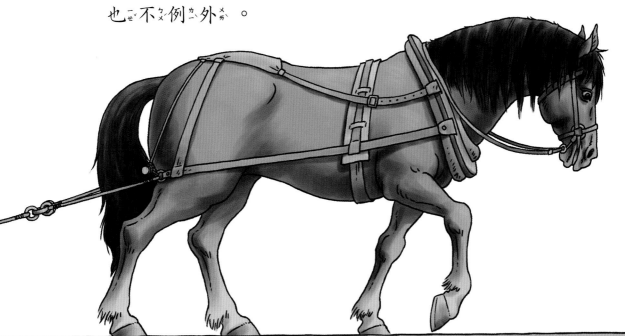

於是我就從「利潤」的角度出發來說服他:「如果我的研究能成功,就可以幫助您更快、更方便、更省錢的把煤礦運出去賣。」我詳細解釋了蒸汽火車在礦場中的大用處,霍布斯先生很感興趣,基於他對我工作能力的信心,最後一口答應:「好,你放手去做吧。」

接下來,我用了五年,設計了十六具蒸汽機,一次次發現問題,也一次次解決。最後,大家都沒有想到,居然是我這個燒火

工出身的小子，克服了許多正牌工程師多年都沒有辦法解決的問題，成功的在 1814 年推出有兩個汽缸，可以拉八節車廂、30 噸煤礦的「布魯徹」蒸汽火車頭。

特別值得一提的是，原始的木頭軌道，不但容易變形，而且容易被沉重的煤車碾壞，於是有人加以改良，先是加上枕木固定，然後又在木軌上包裹鐵皮，還有聰明

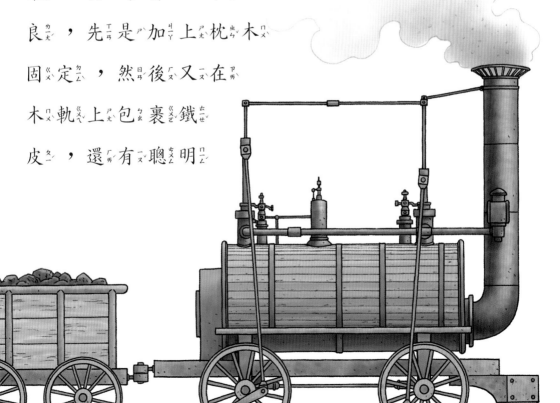

036

的人想到把煤車的木頭輪子換成鐵輪，減少摩擦力，只是這樣一來，雖然轉動更順暢，但也更容易從鐵軌上脫落，為了解決這個問題，我靈機一動把煤車的鐵輪鑲上兩條邊，成為凹槽，這樣就能和凸出來的鐵軌密合，不會輕易脫落了。

和所有其他壽命不長，且命運坎坷的蒸汽火車發明相較，大家都不得不承認，布魯徹才是第一輛成功運作的蒸汽火車。

霍布斯先生看到布魯徹車頭每個小時可以在礦場的上坡走6公里，真是高興極了，五年後，嚐到蒸汽火車甜頭的他主動要求我來建造一條連結赫頓煤礦和威

爾河的商用鐵道。

　　這條鐵路包括了不同的坡度和車站系統，完成之後，我忽然變得有名起來，德國、法國，甚至遠在俄國的工程師們，都跑到英國來向我學習，我的人生從此翻轉，穩穩坐上火車鐵路這一行的頭把交椅，人們還送了一個「火車之父」的稱號給我。

　　對於這個頭銜，我的心裡覺得非常慚愧，因為如果當初給了我發明靈感的理查，能一鼓作氣、持之以恆的研究下去的話，這個頭銜是不可能落在我頭上的。

跌跌撞撞駛向頂峰

1821 年，我決定離開熟悉的礦場，雖然感到不捨，卻也同時為即將開創自己的事業感到雀躍興奮。

就在同一年稍早，英國議會通過授權私人公司，修築從斯托克頓到達靈頓之間的鐵路，並聘請我做首席工程師，而我為了這條鐵路，成立了全世界第一家生產蒸汽車頭和鐵軌的公司。

原本，他們只計畫要建一條由馬匹拖車廂的鐵路，但是我想要建的，是一個完整的鐵路系

　　統，而且，還計畫要載人呢。

　　經過四年，這條鐵路完工了，通車典禮那天，我親自駕駛這列共有十一節車廂，長122公尺的火車，除了棉花和煤，還載了六百多個乘客，總載重量有90公噸，駕駛座上的我，覺得神氣極了。

「這大傢伙真能跑得比馬車快?」出發前,有人懷疑的問。

「要不然這樣好了,找輛馬車來跟我比一比吧。」我大方的提議。

最後,我的火車以每小時將近 13 公里,下坡甚至高達 24 公里的速度跑完全程,呵呵,遠遠把那四條腿拉的馬車拋在後面。

從此以後全世界的鐵路,幾乎都採用我的設計標準,包括 1.435 公尺的標準軌距,而我也靠著這條鐵路,順利化解了一個大大的挫折。

事情是這樣的,在英國的西北部有兩個重要的城市,一個是紡織城曼徹斯特,另一個是利物

浦港口。工業革命以後，曼徹斯特需要的棉花量已經大到必須從北美進口，進口的棉花在利物浦靠岸後，要通過附近的運河與馬車運送到曼徹斯特；但是馬車的載貨量不大，速度又慢，而運河也被航運公司以高價壟斷，所以曼徹斯特的人雖然進口了很多棉花，織出很多布，生意做得比以前好，但是由於運輸成本太高，導致他們獲得的利潤反而非常少，所以當地人就把腦筋動到新興的運輸工具——鐵路的頭上。

他們成立了一個鐵路董事會，委託我的公司興建一條全新的鐵路，而我自然成了首席工程師。

可以想像，航運公司和做馬車貨運生意的人，絕對不願意鐵路興建成功，所以放出各種各樣荒誕不稽的謠言來影響當地人。

雖然當時距理查發明的第一輛「噴煙魔怪」，已經有二十年了，但是絕大多數的人都還搞不清蒸汽火車是個什麼東西。

「史蒂文生先生，聽說你的火車會讓我老婆流產。」

「史蒂文生先生，火車是不是會讓我養的馬匹絕種？」

「哼，我還聽說，如果你的火車經過我家的農地，不但我的農作物會減產，我的乳牛都會被嚇得流不出乳汁。」

「坐火車太危險了，因為在

通過隧道的時候，濃煙會讓乘客都窒息而死，史蒂文生先生，你為什麼要害人呢？」

我常常被不明所以的陌生人，攔下來就是一頓臭罵。

偏偏就在這個時候，我收到鐵路董事會的通知，因為我不小心把一座橋梁上的測繪數據算錯了，運河公司的代表就抓住這個把柄，硬逼著董事會解除了我的職務，而在此之前，我為這條鐵路克服了無

Cycloped

Novelty

數地理和結構上的難題，這些心血看起來可能都白費了。

　　幸好這時，從斯托克頓到達靈頓的鐵路完工了，我的聲名再度大振，董事會順勢又重新起用我，但是這次我提出了一個條件：「這條鐵路全程，不用任何動物為動力，要用蒸汽火車頭高速一路跑到底。」

　　大家聽了，個個面露懷疑：「這可行嗎？」

　　由於雙方爭執不

Perseverance

Rocket

Sans Pareil

下，曼徹斯特鐵路委員會為了解決爭端，決定在 1829 年舉辦一項蒸汽火車大賽。

規則很簡單：火車的重量不能超過 6 噸，要能承載本身重量三倍的貨物起跑，並且要以不慢於 10 公里的最低速度跑完全程。

為了準備這個比賽，我跟我的好搭檔——已經二十六歲的兒子羅伯特一起，設計了「火箭號」；我們信心滿滿到達會場，發現報名的十隊只有五隊完成報到，其中有兩隊超重，還有一隊達不到最低速度的要求，最後，只有我們和另外一隊「新奇號」符合參賽的條件。

「爸，新奇號的重量只有我們的一半呢。」羅伯特有些憂心。

「別擔心，我們來看看它的載重能力如何。」我安慰他。

果然不出我所料，裝載了比它重三倍的貨物後，「新奇號」完全不能高速奔馳；反觀我們的「火箭號」，在高度載重下，還能以每小時 19 公里的速度爬上坡頂，沒有停頓，沒有故障。

這個結果讓所有的人都無話可說，不但為我們公司贏得五百英鎊的獎金，還外加七輛火車頭的訂單。

兩年後，這條全世界最長的鐵路順利完工，也是我從事火車事業的輝煌頂點，從此，「火車」和我的姓「史蒂文生」畫上了等號，它們從英國啟程，鳴著汽笛，駛向全世界。

你如果要問我，在未來的日子裡，火車跑起來是不是一定得燒煤？一定會有火和煙？是不是一定要用輪子？鐵軌有沒有可能從兩條變成一條？軌道能不能鋪設在車廂的上面？最後甚至出現連一條軌道都不用的空中飛車？

呵呵，只要有人敢想，肯做，相信我，又有什麼不可能呢？

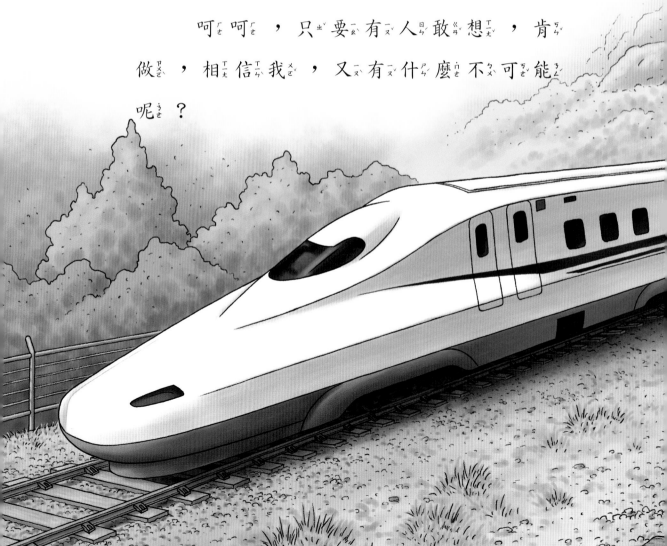

史蒂文生 小檔案

GEORGE STEPHENSON

1781
6月9日生於英國的威萊姆小鎮

1799
上小學

1802
結婚，隔年兒子羅伯特出生，
日後成為他終生的工作伙伴

1801
在新堡礦場修復一具蒸汽
引擎，展現對機械的狂熱

1809
在礦場修好一具
蒸汽抽水機，被
升為工程師

1814
・ 發明礦工安全燈
・ 發明第一輛蒸汽火車布魯徹

1814 ─ 1819
先後在礦場設計了十六具
蒸汽機，一一解決當時限
制蒸汽機發展的五大問題

1819
建造連結赫頓煤礦和威
爾河的商業用鐵道，是
第一條完全使用機械沒
有動物拉力的鐵路

1821
建造一條連結斯托克頓和
達靈頓之間的鐵路，並成
立全世界第一家生產蒸汽
車頭和鐵軌的公司

1824
接手負責建造連結曼徹
斯特和利物浦的鐵路

1829
與兒子羅伯特合作，在雨山
舉行的蒸汽火車競賽中獲勝

1825
斯托克頓和達靈頓間的鐵路完工通
車，所使用的 1.435 公尺的軌距，
成為全世界鐵路系統的標準軌距

寫書的人

李民安

　　對三民的小讀者來說，李民安是一個熟悉的名字。她一路在三民出版了《解剖大偵探：柯南・道爾 vs. 福爾摩斯》、《石頭不見了》、《銀毛與斑斑》、《灰姑娘鞋店》、《佛陀小檔案：釋迦牟尼的故事》、《尋佛啟示：釋迦牟尼》、《新政先生：富蘭克林・羅斯福》、《可可・香奈兒》、《柴契爾夫人》、《高第》、《鄧肯》等十一本童書。洗練的文字和生動的情節，都是小讀者們的最愛。

畫畫的人

王　平

　　自幼愛好讀書，書中精美的插圖引發了他對繪畫的最初熱情，也成了他美術上的啟蒙老師。大學時，讀的是設計專科，畢業後從事圖書出版工作，但他對繪畫一直充滿熱情，希望用手中的畫筆描繪出多彩的世界。

　　個性樸實，為人熱情，繪畫風格嚴謹、細緻。繪畫對他來說，是一種陶醉和享受，希望能透過畫筆把這種感受傳遞給讀者，帶給人們愉悅和歡樂。

1831
連結曼徹斯特和利物浦的
鐵路完工，事業達到頂點

1838
退休

1848
去世

適讀對象：
國小低年級以上

創意 MAKER  創意驚奇雲

飛越地平線，
在雲的另一端，

創意 x 無限

撥開朵朵白雲，你會看見一道亮光⋯⋯

 是 **創意 MAKER** 的燈泡亮了！

跟著它們一起，向著光飛翔，由它們指引你未來的方向：

（請依直覺選擇最具創意的顏色）

選  的你

請跟著畢卡索、艾雪、安迪·沃荷、手塚治虫、鄧肯、凱迪克、布列松、達利，在各種藝術領域上大展創意。

選  的你

請跟著盛田昭夫、7-Eleven創辦家族、大衛·奧格威、密爾頓·赫爾希，想像引領創新企業的挑戰。

選 的你

請跟著高第、樂高父子、喬治·伊士曼、史蒂文生、李維·史特勞斯，體驗創意新設計的樂趣。

選 的你

請跟著麥克沃特兄弟、格林兄弟、法布爾，將創思奇想記錄下來，寫出你創意滿滿的故事。

本系列特色：

1. 精選東西方人物，一網打盡全球創意 MAKER。
2. 國內外得獎作者、繪者大集合，聯手打造創意故事。
3. 驚奇的情節，精美的插圖，加上高質感印刷，保證物超所值！

還有！還有！

內附注音，小朋友也能「自·己·讀」！
創意 MAKER 是小朋友的必備創意讀物，
培養孩子創意的最佳選擇！

三民網路書店 會員

獨享好康
大 放 送

書 種 最 齊 全
服 務 最 迅 速

通關密碼：A9962

 憑通關密碼

登入就送 100 元 e-coupon。
（使用方式請參閱三民網路書店之公告）

 生日快樂

生日當月送購書禮金 200 元。
（使用方式請參閱三民網路書店之公告）

 好康多多

購書享 3% ～ 6% 紅利積點。
消費滿 350 元超商取書免運費。
電子報通知優惠及新書訊息。

超過百萬種繁、簡體書、外文書 5 折起　　三民網路書店 www.sanmin.com.tw

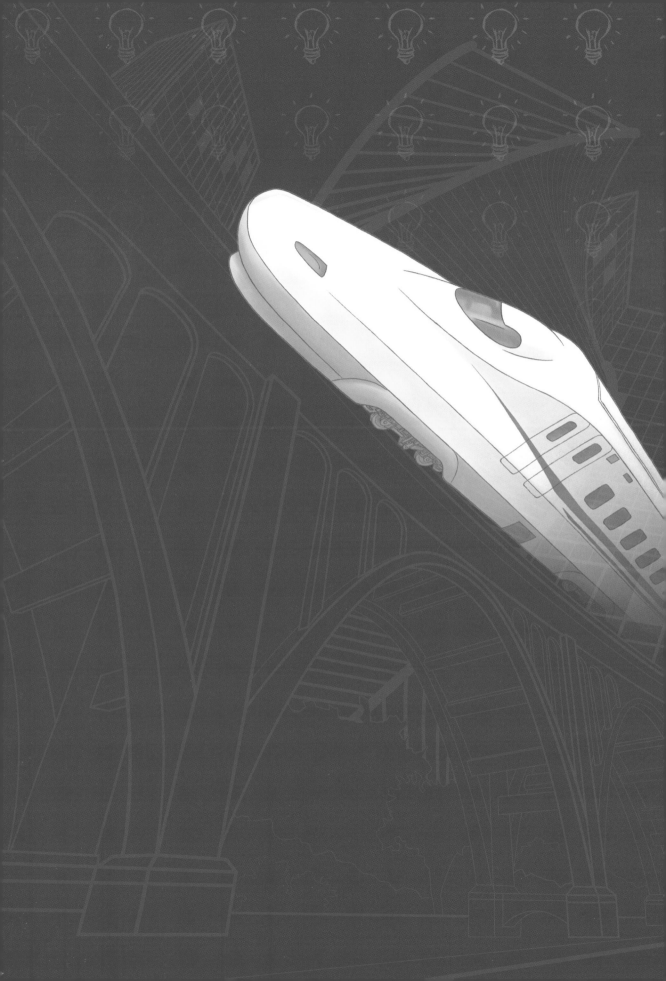